A FLOR DE PIEL

A FLOR DE PIEL

María Muriel

Valparaíso
EDICIONES

VALPARAÍSO POESÍA

Diseño de interior y maquetación: Chari Nogales
www.charinogales.com @chari_nogales
Imagen de portada e ilustraciones: Chari Nogales

Primera edición: septiembre de 2025

© Del texto: María Muriel

© Valparaíso Ediciones
C/ Fray Leopoldo, 7 bajo, 18014 Granada
www.valparaisoediciones.es

ISBN: 979-13-87538-93-4
Depósito Legal: GR 1233-2025

Impreso en España - *Printed in Spain*
Gráficas Gami

Que la poesía sea un bálsamo para tu corazón

A mi familia y a FJAG.
Sin vosotros no sería lo que soy.

NOTA DE LA AUTORA

Querido lector:

Quizá estos no sean los mejores versos jamás escritos, pero sí puedo asegurarte que son verdaderos y que he entregado mi alma en ellos. El poemario que tienes entre tus manos es una expresión de todos los sentimientos humanos. En él hay miedo, tristeza, alegría, amor, enfado, incertidumbre y fe, entre otros. Este poemario es una evolución interna desde el caos al orden, desde el dolor al amor, siendo para ello muy importante el diálogo y la unión con Dios. Estos versos son oraciones que agradecen el amor y el perdón de Dios y que persiguen el equilibrio y la calma mental, solo posibles a la confianza en la magia divina. Dios y yo conversamos contigo en cada una de estas páginas y buscamos que seas capaz de resurgir y sanar cada una de tus heridas.

Este libro es la búsqueda y conexión con uno mismo, es disfrutar de los bellos momentos de la vida, es encontrarse y saber qué quieres y hacia dónde te diriges, es perdonarse a una misma y a los demás, es dejar ir todo aquello que no tiene importancia o no nos hace bien, es sonreír y agradecer cada día lo que tienes, es luz, esperanza, serenidad, optimismo y vitalidad, es escuchar a tu corazón y consolar tu mente, es desgarro, perseverancia y lucha, es piel y dejarnos la vida en lo que soñamos, y es entender el valor y la importancia del dolor, dándonos nuestro tiempo, aunque siempre con la ilusión de salir adelante y ser feliz, porque nos lo merecemos. Pero, sobre todo, lo que son estos poemas es emoción, es abrazar la vida y dejar que esta te lleve hacia donde quiera, es sentir fuerte tu corazón y es que nuestros vellos se ericen al sentirnos afortunadamente vivos, A FLOR DE PIEL.

Gracias por leer poesía.

La vida comienza,
te lo juro,
cientos de veces
por primera vez.

SARA BÚHO

POEMA DE LUCÍA PÉREZ
A MARÍA MURIEL

Y volvería a la espera de encontrarte de nuevo,
volvería a la alegría de haber dado
                              con mi golpe de suerte,
volvería a verte cumplir veinte;
yo, vacía de amistad, muerta de miedo.
Volvería a sorprenderme con tus primeras
conversaciones,
a cuidar los libros que me dejas siempre,
volvería a la incertidumbre de no entenderme
a escuchar en tus poemas, canciones,
y volvería a la dulce noticia
de decirte que nuestros caminos se unen.
Volvería a no saber nada
con tal de volver a aprender tanto contigo,
volvería a no conocerme
para que volvieras a darme sentido
para que fueras la prueba
de que todo a su tiempo llega.
Volverías a ayudarme sin dudarlo,
volvería a encontrarte
porque eres mi maestra.
Espero que poder quererte
la mitad de bien que lo hiciste tú,
porque el amor nos salva
y a mí me salvó tu luz.

Te quiero, Lucía

RESPUESTA DE MARÍA MURIEL
A LUCÍA PÉREZ

Te conocí cuando cumplía veinte el día veinte,
cuando los números nos rompían los esquemas y nos unían,
cuando la timidez invadía tu ser.

Te conocí en el momento exacto,
cuando los astros se alinearon para juntar cabra con cangrejo,
en un momento en el que las muestras de amor estaban
prohibidas y predominaban las distancias.

Te conocí y hoy solo puedo asegurar que fue un regalo,
una de las mejores personas que me he encontrado por el
camino de la vida.

Ahora alza el vuelo, libélula, y sonríele al mundo y a sus
momentos de esa forma tan especial y dulce que solo tienes tú.

Vuela y renace como el ave fénix y nunca olvides que las
mejores compañías son las que se sienten de cerca
        y te tocan el alma
y yo por suerte te tengo a ti.

Con amor,

María

TODO LO QUE SOY[1]

Todo lo que soy es un barco a la deriva esperando llegar
    a puerto,
una cometa perdida buscando el horizonte,
una brújula rota dando indicaciones incorrectas.

Pena, desengaño y miedo es lo que conforma todo lo que soy;
esperanza, ilusión, sueños todo lo que deseo.

Es difícil vaciar tu corazón de hielo y llenarlo de fuego,
atravesar la nieve y oler a primavera,
superar el caos y establecer orden.

Es difícil quererse cuando siempre has sido tu enemiga y
    te has llenado de culpa,
cuando has perdido la motivación y todo es infierno,
cuando tus alas heridas te impiden volar de nuevo.
Pero la vida consiste en aprender a respetarse y cuidarte
    por si nadie mejor sabe hacerlo.

Todo lo que soy es emoción, lágrimas, corazón golpeado,
pero estoy segura de que seré más fuerte que ayer
    y más valiente que hoy.
Todo lo que soy es todo lo que tengo y mientras mi alma
    atraviesa un largo invierno
mi pecho solo se imagina un eterno verano.

1 Segundo premio I Certamen de Poesía "Villa de Herrera"

¿Quién no ha tenido alguna vez hambre de vida,
    sed de muerte?
¿Quién no se ha rendido al desorden del tiempo?
¿Quién no se ha vuelto loco al llegar enero?

Suena una melodía, será mi pulso al recordar el futuro
porque todo lo que soy es tuyo y todo lo que sueño oscuro.

Abrázame durante la tormenta.

INVIERNO

Que el invierno
no cubra de nieve tu rostro.

CRISANTEMO

Llegas tarde y sin darte cuenta tropiezas con el cable
    del televisor,
yo me acurruco en la cama mientras espero a que subas
y me devuelvas tu calor,
pero decides quedarte abajo mientras todo nuestro amor
    quedó en el salón.

Hace tiempo que no somos los mismos,
que las rutinas y manías nos separan,
que pasar tiempo juntos es un lujo.

Hace tiempo que no te siento cerca,
que no te pienso en los amaneceres
ni te busco entre sueños.

¿Qué pasó, amor, que todo terminó?
¿Qué pasó que nuestra historia se murió?
¿Qué pasó para que tanta soledad llenara nuestro corazón?

Mientras la lluvia empapa nuestros ojos nos decimos
te quiero sin decir adiós.
Abro el paraguas, el suelo está seco,
quizás sea tarde para pedir perdón.

NARCISO

El frío recorre mi espalda y recuerdo esos abrazos
que nos dábamos en enero,
cuando todavía éramos dos corazones hambrientos
y las despedidas no sabían a miedo.

Echo de menos tus ausencias y el placer de tus manías,
tu voz al amanecer,
tus ataques de risa.

Todo se acabó, todo son cenizas
y yo mientras me encuentro entre los restos.

Imagino mi vida en un futuro,
pero todo se inunda de vacíos
y mis ojos se empañan de la tristeza de la vida.

No te encuentro, no te encuentro,
no te encuentro esta noche en mi cama;
y mis monstruos me persiguen en los silencios
de la madrugada.

¿Cuándo piensas volver? ¿Cuándo hablamos
de lo que nunca pasó?
¿Cuándo nos enfrentamos al destino?
¿Cuándo nos hacemos el amor?

Y entretanto me quedo dormida mientras busco
tu calor en el colchón,
mientras cierro con llave la memoria de mi corazón.

Nunca olvides el deber y el derecho de amarte siempre.

Cuando sientas que tu coraza falla, busca el equilibrio en tu corazón.

Quédate con quien te arrope cuando te encuentres en un mar de lágrimas.

JARAMAGO

Siento que aparentemente todo me va bien,
pero algo me falta.
Me falta la alegría al despertarme por las mañanas,
al soñar despierta hasta las tantas,
el recogerme tarde y bailar sin miedo,
el sonreírme de forma sincera.

Echo de menos quien fui, pero confío en quien seré.
Acepto que ya no soy una niña, sino una mujer
y amo mi ser y esta nueva etapa de la vida adulta.

Mis ojos ya no tienen una venda y veo la realidad tal
y como es.
No entiendo por qué a veces es tan dura,
pero prefiero centrarme en lo bonito que pasa.

Todavía recuerdo aquellos días de verano
en los que jugaba con el agua y hacía castillos en el aire.
Esas tardes de parque, esas verbenas de barrio.
Las fiestas del pueblo, las noches bailando.

La niña que fui y que de alguna forma soy.
Esa niña risueña, alegre y soñadora, cariñosa y tímida,
charlatana y preciosa.
Mi niña bonita, la que llevo hoy dentro, beso y consuelo.

Ojalá ser luz para viajar en el tiempo,
pero me tengo que conformar con el recuerdo.
Ojalá recuperar aquella felicidad dichosa
que ahora deseo,
ser viento, marea, siempreviva y florecer.

Que todo lo que anhelo se cumpla,
que pueda mejorar el mundo y hacer felices a los demás.
Que el amor inunde nuestros corazones y
que latan con fuerza todos al mismo tiempo.
Volemos alto, abracémonos en silencio.

Nunca volveremos a ser quienes fuimos, pero sí podemos construir desde ahora lo que seremos.

PRÍMULA

Puedo ver la tristeza en tus ojos y tus ansias
de amor en tu piel.
Sentir cada herida tuya como propia,
oler tu olor desde lejos.

Sé que la vida es dura y que los sueños
no siempre se cumplen.
Sé que es difícil amar sin sen correspondido,
que duele la ausencia de las personas que quieres,
que queman los recuerdos.

Veo tu lucha cada día,
al despertarte sin gana y tirar hacia delante,
a seguir peleando por lo que te gusta, a no rendirte.

Pero también contemplo tu cansancio y
cómo a veces no puedes más.
Tu falta de ilusión, tus ganas de dejarlo todo y huir.

Siento en ti la pena y el sufrimiento de la desdicha,
la culpa y el arrepentimiento, el perdón y el consuelo.
Siento en ti la esperanza y el deseo de que todo
acabe pronto y renazcas.
Esas fuerzas que te invitan a superarte y levantarte
cada día de la caída.

Te admiro y no he conocido nadie más valiente que tú.
Tu corazón es bondad, compasión, pureza
y tus ganas de vivir tu señal de identidad.

Ojalá todas las personas que padecen se llenen de la
misma fuerza y luz que a ti te mueve
y que pronto juntos podáis cruzar la tormenta.
Mientras tanto todo mi amor es para ti,
te prometo que no te soltaré nunca.
Vuela alto pájaro libre,
empújate a soñar.

VIOLETA

Todavía puedo sentir tu olor en mi piel,
tu tacto con el mío,
el placer de tus besos.

Todavía puedo acariciar tus abrazos en nuestras despedidas,
tu sonrisa al despertarte,
tu mirada de alegría.

Todavía puedo vernos en aquella playa,
nuestro primer 'Te quiero',
nuestro último adiós.

¿Qué es del amor cuando se va?
¿Vuelve o se ha ido para siempre?
¿Volveremos algún día a ser los mismos?

Me falta fuerza para terminar esta historia,
esperanza para volver a soñar.
Y tú, ¿crees que algún día te podrás recuperar?

Respóndeme a esta carta, ven conmigo a navegar.

¿Realmente es necesario sufrir para aprender
qué es la vida?

SIEMPREVIVA

Tus miradas me persiguen y tus besos me acompañan
en cada sueño que me abraza despierta.

¿Y para qué tanto amor?
¿Y para qué tanto miedo?

Todo se olvidó, todo es polvo, todo es silencio.

Y lloro por lo perdido, por lo no luchado,
por lo que me espera.

Lloro por ti, por mí, por nosotros;
por nuestra historia hecha pedazos,
por nuestros futuros compartidos en ruinas.

¿Dónde te fuiste? ¿Dónde me esperas?

La rosa se deshoja con sus pétalos violeta y a lo lejos
la música me envuelve y me dejo llevar por la marea.

Adiós, mi amor, vuela.

GERANIO

Tengo miedo de que todo sea oscuro, todo sea olvido.
Tengo miedo de que el pasado me arrastre
y me detenga el tiempo,
que todo sea fracaso y nada el intento.

Colecciono recuerdos de lo que un día fue memoria,
de este precioso arte de contar nuestra historia,
de este punto final de la que fue nuestra victoria.

¿Pará que tanto luchar?
¿Para qué tanto frío, tanto hielo?
¿Para qué rezar por lo incierto?
¿Para qué promesas, para qué infierno?
Entierra lo que un día fuimos, lo que es polvo de silencio.

Tengo miedo de futuro,
de anclarme y no avanzar,
de no ser capaz de superar lo que un día fue mi sueño.
Y entre charcos y misterios guardo en secreto lo
que mi corazón siente por momentos.

¿Por qué te fuiste? ¿Por qué todo acabó aquel enero?

ACACIA

El dolor llena mi pecho,
mi sonrisa torcida,
las lágrimas al suelo.

Corazón roto,
vacío de sentimientos,
cristal afilado,
jade y cuarzo en mis manos.

Ojos tristes, cansados;
pies heridos,
querer descalzo.
Esperanza perdida mientras la extraño.

¿Qué hago con el puñal, lo entierro o me lo clavo?
¿Qué hago con el amor, lo mato o lo salvo?

AZUCENA

Entre ruidos y disparos mi corazón se fue volando.
El nido estaba deshecho y costaba mucho reconstruirlo.
El invierno había llegado de pronto y había secado
las flores de la primavera.
Nuestras sonrisas quedaron congeladas en la hoguera
y mi alma mientras en la espera.

Amanece y yo me encuentro en otra cama.
El despertador suena y me recuerda la rutina,
quizá sea tarde para empezar el día.

Silencio, susurros, caricias, llanto
la nieve dejó de caer y el cigarro entre caladas
se fue apagando
como la vida misma en nuestras manos
tras un largo verano
en otros cuerpos, en otros brazos.

¿Cuándo vamos a dejar de posponernos para luego?

Pido perdón a la niña que fui y a la mujer que soy ahora. Pido perdón a mis errores, pero también a mis aciertos, a mis miedos y mis éxitos. Pido perdón mientras pido consuelo, mientras me abrazo y voy aceptando mi vuelo.

Con la eterna primavera de mis días,
con el eterno invierno de mis noches.

OTOÑO

Las hojas secas del otoño nos recuerdan que
la vida pronto vuelve a florecer de nuevo.

CALÉNDULA

La vida transcurre y mientras la tristeza me persigue,
me abraza como quien abraza un peluche,
me sacude y me cohíbe.

La vida transcurre y yo no puedo parar de sentir,
de embriagarme de emociones,
de inundar de lleno mi vivir.

Todo sigue su curso,
la gente viene y va,
yo no los culpo.

Continúa su movimiento como se agitan las olas e
n el océano.

Sigue y estate atento porque si no pierdes
el tren de los sueños
y dejas de escuchar la música de los momentos.

La vida pasa como suceden nuestros encuentros.
Pasa y nos descubre nuestros mayores secretos.

ZINNIA

Pedazos y pedazos inundan mi cuarto
y entre pedazos me recompongo.

Soy como un puzle de mil piezas que nunca
se llega a completar,
soy un cubo de Rubik imposible de formar,
soy un laberinto por el que no puedo escapar.

Me dicen que me cure mis alas, pero yo ya no sé volar.
Me dicen que no escuche al miedo, pero al segundo
ya me vuelve a acompañar.

Y callo, callo, callo hasta que no puedo más
y exploto como una olla a presión harta de estar
en el fuego y no quererse quemar.

Y tú me vienes con lamentos y excusas que yo
no me logro tragar;
me suplicas, me pides,
pero yo ya no quiero quererte más.

Me niego a arrodillarme, a humillarme,
a no saberme valorar;
me niego a dejarme pisotear como nuestro amor
que se lo llevó el mar.

Y ahora me vienes con que vas a cambiar,
pero yo ya no me creo tu historia, ya me sé el final.

Ahora me vienes con que estabas mal,
pero yo ya no soy esa tonta que se deja engañar.

Ya no soy esa tonta que se deja su corazón
por un tío que no vale *ná*.

ALHELÍ

La vida pasa como pasa el tiempo,
como cicatriza la herida,
como cura el viento.

La vida pasa y mientras tú contemplas mi vuelo,
iluminas mi camino,
me descubres el cielo.

La vida pasa y mientras todo en silencio,
la poesía viene y va,
todo cambia en su momento.

¿En qué piensas cuando te dibujas en el lienzo?
Cuando decoras tu sonrisa con boleros.
¿En qué piensas cuando el amor huele a despedida?
Cuando el otoño florece y tú le das la bienvenida.

La vida pasa y, como el tiempo, sana la caída.

Sumisa en la llaga olvido todas y cada una de mis cicatrices que fui capaz de sanar yo sola.

¿Qué es sanar?

Aceptarse tal y como eres y ser capaz de enfrentarse
a las dificultades de la vida.

Que tus heridas se cierren solas con el amor
que tú le das.

Entender que todo pasa por algo y no frustrarse si las
cosas no pasan tal y como queremos.

La cicatriz es símbolo de victoria y la herida de valentía.

Amarse no es darse lujos o caprichos, amarse es
priorizarte sin sentirte culpable.

QUERIDO DOLOR:

Gracias por haberme enseñado tanto y por haberme hecho quien soy ahora. De ti he aprendido a quererme, a cuidarme, a ser yo sin miedo, a apoyarme en los demás si lo necesito y a consolarme.

Gracias a ti he aprendido a valorar lo que antes sentía que me pertenecía y he vuelto a mirar el mundo con otros ojos.

Contigo me he hecho más fuerte y me he enfrentado a retos para mí desconocidos.

He apreciado la vida y su belleza y he sentido de nuevo lo que es renacer. Sin ti no hubiera valorado quién soy, ni a todos los que están conmigo y me apoyan ni todas las cosas buenas que me suceden.

Te he necesitado para descubrir cuánta maravilla hay en mi interior, para contemplar toda la luz que desprendo y curar mis alas para seguir volando.

Me has hecho falta para ver cuán poco se necesita para ser feliz y para cautivarme ante la grandeza de la naturaleza y la creación.

He conectado más conmigo misma y me he unido a Dios, me he escuchado y lo he escuchado a Él y mi corazón se ha llenado de amor y vendas y la alegría ha inundado de lleno todo mi ser.

Pero para llegar a donde estoy te he necesitado y hoy

te agradezco todo el bien que has hecho por mí, aunque en su día te rechacé y no entendía para que servías y cuál era tu función.

Querido dolor hoy te agradezco todas tus enseñanzas, sin ti no hubiera sido capaz de conseguir lo que he llegado a cumplir. Gracias por tu paciencia y espera, por tu perdón y tu compasión, gracias por haberme prendido la llama de la autoestima y por hacer que no me avergüence de mí misma, por enseñarme a ser yo y respetarme.

Querido dolor siempre te estaré agradecida y siempre tendrás un hueco en mi corazón porque quien no te acepta no se acepta a sí mismo y no hay más sufrimiento que ese.

Te quiere,
tu María

La esperanza se convirtió en mi amuleto,
el destino en mi señal.

JACINTO

Muero por tus besos en una tarde de otoño,
por ese ratito más que permanecemos abrazados
calentitos tras sonar el despertador,
por ese mensaje de ánimo que me saca una sonrisa.

Muero por ti y por el amor que me das sin pedir
nada a cambio cuando nieva en mi pecho.
Por esos ojitos tan lindos suplicándome más,
por esos pecados que cometimos a destiempo.

Y es que tú estás en mí y yo en ti de alguna manera,
y aunque no lo creas, yo ya existía en ti
antes de conocernos.

Qué bonita es la vida cuando pone personas como
tú en mi camino,
qué bonita es si eres tú quien me agarra la mano
para continuar juntos.

Qué bello es este regalo que me entregas cada día
con tu presencia.

COSMOS

Cae la lluvia de mis ojos, un viento helado
recorre mi piel y tú apagas el fuego que me calienta.
Echo de menos tus risas, tus abrazos, nuestros silencios,
pero poco a poco voy aceptando el pesar
de la monotonía y el batir de tus alas.

Nunca entendí tu despedida,
por qué te fuiste sin ninguna explicación,
qué tienen otras que no tenga yo.
Y me pregunto si eres feliz en otros cuerpos,
si otros corazones te escuchan y te consuelan
como el mío,
si te acuerdas en algún momento de lo que fuimos.

A veces pienso que me echas en falta,
que me buscas entre las sábanas,
que me compras churros como cada domingo.
A veces pienso que deseas volver y yo como una tonta
me imagino el momento.

Pero pasa el tiempo y nada de eso llega,
las hojas caen, el otoño regresa de nuevo.
Y mientras busco consuelo en otras miradas me acuerdo
de nosotros y de esa canción que no terminamos
de bailar

y me derrumbo pensando en la sola idea
de no volver a tenerte,
de no volver a vivirte, de no volver a soñarte,
pero acepto que así lo decidiste
y respeto tus normas del juego.

¿Dónde estás ahora? ¿Qué ha sido de ti?
Espero tu respuesta en esta tarde de abril.
¿Qué sientes ahora? ¿Qué anida en ti?
Por siempre yo te querré, aunque decidiste huir.
¿De quién es tu corazón? ¿Por qué te fuiste así?
El mío siempre será tuyo, aunque a veces te olvides de mí.

Largo camino, larga espera sin fin.

¿Qué hay después del amor?

Nada nos puede librar del dolor.

DALIA

Las hojas del otoño caen y yo
aún no me he acostumbrado a tu ausencia.
Mi corazón todavía pregunta por ti y
mi cabeza no quiere olvidarte.

Estos días cortos y oscuros entristecen mi alma y
ni una taza de chocolate caliente puede consolarme.
Miro desde la ventana la lluvia caer sobre el asfalto,
la calle solitaria, las farolas testigos de mi dolor.

Intento escribir y soltar todo lo que nunca dije,
pero no soy capaz de superar nuestra historia.
Algunos tachones, espacios en blanco, nada
como lo que queda de nosotros más allá del recuerdo.

Veo tus fotos, tu aparente felicidad y tu falsa sonrisa.
Veo cómo besas otros labios y acaricias otros cuerpos.
Siento rabia, frustración y culpa
y no puedo hacer nada por evitarlo

Respiro, soplo, contemplo y recojo cada uno de los
pedazos de lo que fuimos en la que un día fue nuestra casa.
Y pienso, ¿qué he ganado con todo esto?
¿qué viene después? ¿qué decisión debo tomar ahora?

Y medito la respuesta mientras conecto conmigo
y busco la verdadera complicidad que es la mía
y el placer de quererme.
¿Qué será de ti? No me importa.
¿Qué quiero para mí? Enterrar el pasado y construir
con alegría mi futuro, ese que siempre soñé,
ese por el que lucho día tras día.

Adiós, mi amor, adiós.
Que seas feliz en tu nueva vida,
que nadie algún día te rompa el corazón.

Querida amiga, querida yo, sé capaz de resurgir
y pedirte perdón.
Esta historia merece ser contada y si no eres tú seré yo,
largo pétalo de mar, triste canción.

¿Qué es ser libre sino aceptarse en el desconsuelo?

PENSAMIENTO

A veces me avergüenzo de quién soy, de lo que fui,
de lo que seré.
Me arrepiento de haber perdido la fe, o eso creo,
y luego volver como si nada cuando me hace falta.

No soy ejemplo de cristiana, ni siquiera de poeta,
pero una luz habita en mí y siento a Dios en mi pecho.
Una luz que me cobija, una luz que me hace ser
especial y diferente.

A veces me he creído la nueva sucesora de Jesús,
me he sentido como la elegida,
me he creído angelical.

Y aunque no es así, creo que en cierta medida
tengo una misión divina.
Mi deber es ayudar a través de mi historia,
predicar el amor y la bondad.
Estoy segura de ello y por eso lucho cada día
por conseguir mis sueños y llegar
a cuantos más corazones mejor.

Dios vive en nosotros, en nuestro corazón y cada vez que predicamos un acto de amor su luz crece en nuestro pecho.

Dios está en cada acto bueno que haces, no está arriba, está aquí con nosotros, en cada alma viajera, en cada espíritu soñador.
Dios es el amor que repartimos, Dios somos nosotros.

No te sientas mal si llorando por las penas de la vida vuelves a confiar en Dios, Él te recibirá con los brazos abiertos.

Dios es energía, fuerza, poder, infinito, creador, invencible.

Dios es nuestra luz, nuestro camino.

PETUNIA

De nosotros solo queda nuestra historia,
las promesas que se fueron,
los sueños que nunca llegaron.

Me pregunto qué pasó para que todo acabara así.
Si nos olvidamos, si me despreocupé, si te cansaste.

Y no sé qué puedo hacer para recuperar el ayer
que aún persiste en mi memoria,
para superar el futuro que seremos,
para asumir lo que somos hoy.

Nos dejamos, pero yo todavía recuerdo el sabor
de tu miel,
el tacto de tu piel,
el dulzor al rozarnos.
Nos dejamos como quien para en seco el frío de enero,
como quien no se acuerda de su pasado.

Ahora solo queda aceptarlo y ver todo esto
como una batalla más.
Sanar mis heridas, volver a volar.

Dime, ¿en ti queda amor o te acostumbraste
ya a la soledad?

Una historia que comienza, una historia
que no se quiere acabar.

¿Qué eliges: amor u orgullo?

¿Somos lo que queremos o quien nos han enseñado que tenemos que ser?

¿Qué prefieres ser libre o esclavo de tus principios?

NARDOS

Cada día te echo más de menos, abuela.

Tu ausencia se nota y cada vez pesa más saber que no
volverás.
Pese a esto te siento cerca porque sé que desde
el cielo me cuidas
y no me pongo triste porque sé que algún día
nos encontraremos.

De alguna manera vives en mí y yo te siento conmigo y
eso me genera mucha paz.
Sé que, aunque tu cuerpo esté enterrado, tu alma no
y que eres la estrella que más brilla cuando me acuerdo de ti.

A veces me arrepiento de no haberte dicho más veces
que te quiero,
por no pasar el tiempo suficiente contigo
y pensar solo en mí,
por no velar por ti y acompañarte hasta el final.

A veces pienso que no he sido la mejor nieta,
pero sé que tú eso me lo perdonas como siempre
has hecho y mi corazón deja de llorar.

Se te echa mucho en falta,
pero sé que estás en el mejor lugar:

en los brazos de Dios.
Sé que estás bien con Él
y que de alguna manera haces que a cada uno
de nosotros nos pase lo mejor.

Tú nos proteges desde arriba,
tú nos orientas si andamos perdidos.
Sé que estás orgullosa de mí,
de quién soy y de todo lo que he logrado,
aunque en realidad no sepas que todos mis sueños
se han cumplido gracias a ti.

Abuela, gracias a ti soy la mujer que soy ahora.
Gracias a ti he logrado vencer todos mis miedos.
¡Cómo no voy a extrañar tu presencia si todo lo bueno
que me ocurre viene de ti!

Ay, abuela, qué ganas tengo de estar junto a ti,
de que me abraces y me beses sin límite,
de que me des esos consejos que solo tú sabías dar.

Abuelita, te espero con ansia:
porque la muerte sea el comienzo de la vida.

Desde la tierra te abrazo,
desde el recuerdo te siento.
Te prometo que pronto volveremos a vernos.

La muerte no es el final de la vida, es el comienzo de otra que está por suceder.

Nuestra alma eterna siempre estará con Dios.

CAMELIA

El verano estaba dando sus últimos coletazos y entre
besos y lágrimas nos despedíamos.
Yo me montaba en el coche, tú me decías adiós
con las manos.

El viaje comenzaba su rumbo y yo intentaba calmarme
inventando canciones y poemas,
imaginándome nuestro reencuentro.

Las nubes iban pasando tras la ventana
y el sol se escondía entre las montañas.
Cayó la noche y solo iluminaba mis sueños la luna llena
que nos iba acompañando en la carretera.

Llegas al destino, nerviosa entre tantos cambios
y decides afrontarlos sin susto.

Observas el maravilloso paisaje en el silencio
de la madrugada
y decides ser tú la propia música de la vida.

Sonríes y ves tu futuro lleno de estrellas,
sabes que al final ese era el camino correcto.

Y subes las escaleras de la ilusión
mientras todo el miedo se va quedando en el zaguán.

Sabes que este va a ser tu nuevo hogar
y eso te llena de esperanza,
al fin has decidido ser tú la que le pone voz a
su historia y eso te llena de satisfacción
mientras puedes contemplar desde el balcón los
primeros rayos de sol.

Cerrabas los ojos como el que abre una ventana sin pedir perdón. Tus ganas me invadían y llenaban mi imaginación de sudor. No sabía si besarte o disfrutar tu dulzor, tú te inclinabas pidiéndome más. Y entre deseos y canciones fundimos nuestro amor mientras a lo lejos pasaban los coches y el cielo empezaba a florecer.

PRIMAVERA

Ojalá miles de primaveras llenen tu vida de flores,
ojalá vuelvas a renacer.

LIRIO

Me dijeron que el amor solo existía en los cuentos,
que para encontrarlo había que dar con un príncipe azul
que te prometiese amor eterno,
que para que durase había que creer en los castillos
de cristal y en las hadas madrinas.

Pero lo que nunca me habían contado es que el amor
a veces también puede doler,
que el galán puede jugar con la princesa
y que no siempre están interesados
en ganarse tu corazón.

Tampoco me dijeron que existían las brujas
y los males de ojo,
que el conejo en realidad no tenía prisa,
que la manzana podría no estar envenenada.

Me dijeron tantas mentiras que hasta los libros
parecen más reales,
y entre tantas mentiras se fue alimentando mi dolor.

Ya no creía en los caballeros ni en los palacios relucientes,
ya no soñaba con zapatos de tacón,
ya no me dejaba engañar tan fácil.

Había madurado como madura el limonero
y ahora solo confiaba en quienes me demostraban su amor.

Las inyecciones de realidad me habían abierto los ojos
y al fin había visto cómo era la humanidad.

Me habían hecho creer tantas cosas que ya no creía en nada.

Me dijeron que el amor solo existía en los cuentos
y ahora solo puedo decir que es verdad.

Él la quiere con todo, con sus altibajos y sus rarezas,
con sus manías e imperfecciones,
con sus lágrimas y sus miedos.
Él la quiere con todo el amor que sale de su pecho
y siente que cada día la quiere infinito, más y más.

Lo que él no sabe es que ella lo ama igual.

Entre juegos y secretos nos mirábamos en silencio
y mientras nos acercábamos más temblaba el mundo
y más calor esparcían nuestros cuerpos.
¿Y qué somos al fin y al cabo que los dueños
de nuestros sueños?

¿Qué enseña más el saber o la experiencia?
¿el dolor o el olvido? ¿la cicatriz o la herida?
¿Qué enseña más un adiós a tiempo o vivir
siempre entre despedidas?

CLAVEL

Tengo miedo de mí, de mis miedos,
del frío que recorre mi piel, del sabor de la derrota
en mis labios.
Tengo miedo de no volver a ser yo,
de no acordarme de quien fui,
de no reconocerme ante el espejo.

Pero una ráfaga de luz me dice que,
aunque me cueste trabajo quererme,
pronto llegará la magia que hace que todo esto suceda
mientras
mis ojos se van llenando de confianza y alegría.

El miedo afloja, ya no aprieta tanto la soga
y puedo respirar el dulce aroma de la armonía
que va recorriendo mi cuerpo.

Sigo teniendo heridas,
heridas de amor, de silencio y de dolor,
pero a pesar de todo me crecen alas y salen flores
de mi pecho.

A pesar de toda la furia, de toda la pena,
de todo el dolor
siento que eso hace sentirme viva y libre
de toda obligación emocional.

La vida pasa y mientras nos enseña,
nos enseña el valor de la mirada, de cada sonrisa,
de cada porqué.
Nos enseña a no esperar nada de nadie, a cuidarnos
y a respetarnos entre tantas dudas e infiernos.
Nos enseña a no dar por hecho realidades que solo están
en nuestra cabeza y a luchar por lo que queremos.

La vida es una y mientras pasa todo este tiempo
aprendemos a valorar cada minuto, cada segundo
de felicidad que tanta añoramos cuando no lo tenemos.
Vida al fin y al cabo y sin prisa de que llegue y nos cubra
con su hermoso manto de sabiduría.

Tengo miedo de mí, pero también sé a qué sabe la verdad
y el optimismo,
qué merezco y qué no, por quién y por qué debo luchar
y qué debo dejar ir,
y lo más importante: quién soy yo y qué me merezco.

La vida con sus enseñanzas nos va demostrando que no
hay nada más valioso que aprovechar el momento
y gozarte después de un duro camino.

No hay nada más valioso que reconstruirte entre
tus pedazos y amarte tal como eres ahora.

Así, con tus armas resilientes podrás volar
y saborear el infinito,
tocar el cielo, renacer de nuevo,
volver a la vida con amor y *sin miedo.*

Si consigues abrazar tus monstruos,
entonces habrás ganado la guerra.

TULIPÁN

A veces sueño con cosas imposibles,
con barcos perdidos, con futuros inventados.
A veces creo que puedo lograr todo lo q
ue me proponga, que puedo subir al Himalaya,
que aguanto el peso de la vida sin esfuerzo.

Pero soy consciente de que todo esto pueda no ser verdad,
que la mala suerte apague mis antorchas
o que simplemente el destino no depare eso para mí.
Sinceramente pienso que lo que está para ti está
y lo que no ya llegará en otro momento
o quizás en otra vida.

Qué difícil es aceptar que no siempre lo que queremos
se cumple,
que las cometas se pierden,
que el viento sopla en otra dirección.

Qué difícil es aceptar la dureza de la vida,
la profundidad de nuestras llagas,
los cristales que recomponen nuestro corazón,
pero qué bello es también disfrutar
de los pequeños detalles
y saborear la alegría de los buenos momentos.

Tal vez no nací para ser poeta o compositora,
pero sí para ser libre y soñar.
Para construir mis propias historias, para navegar
por mis ilusiones, para inundar mi alma de fe.

Y con eso me conformo, con apreciar lo que tengo
y valorar lo que soy,
con abrazarme fuerte en la tormenta
y quererme cada día más.
Con eso me basta, con eso me renuevo
y cojo fuerzas para volver a imaginar.

A veces sueño con cosas imposibles y otras,
rezo para que sean verdad.

PD: Aceptemos nuestro destino,
pero siempre sin perder la fe.

ALMENDRO

Si pudiera escribir cartas de amor todas serían para ti.
Por la magia que desprendes con tan solo una mirada,
por el cariño que trasmites al sonreír.

Eres bondad, generosidad, alegría pura
y te mereces todos los poemas y canciones que te escriba.
Eres inspirador, cometa, destino
y tus actos reflejan la valía de tu alma.

¿Cómo no te voy a entregar mi corazón si tú me entregas
el tuyo cada día?
¿Cómo no voy a ser tuya si mi aire es el tuyo?
¿Cómo no voy a quererte si me sobran motivos?

Te quiero amor mío y ni una vida entera escribiéndote
podría agradecer todo lo que haces por mí.

Nuestro querer es tan fuerte que ni la muerte
podrá con él,
a pesar del tiempo, a pesar del olvido.
Durará para siempre, aunque prometer
la eternidad sea demasiado.

Corazón con corazón, cuerpos alados.

Soñar es atrevido, pero necesario.
¿Qué sería la vida sin sueños?

GRANADO

A Ana Orantes

Porque ni una sola mujer más muera asesinada,
porque no haya más golpes, más insultos, más silencios;
por un mundo sin celos, sin violencia, sin miedos;
por un mundo lleno de amor y respeto.

Porque contar nuestra historia y dar la cara
por todas no sea nuestra tumba,
porque ser mujer sea lo más bello del mundo,
por todas aquellas que no están,
por todas las que se fueron.

Porque nos escuchen y nos tomen más en cuenta,
porque no tomen nuestro testimonio como exagerado,
por todos esos niños que se quedaron sin madre
y por todos aquellos que murieron por hacer más daño.

Porque nuestra voz no pase desapercibida,
porque crean en nosotras y nos amparen,
por más justicia, por más apoyo.

Porque lo femenino no se asocie a lo débil
y se realce nuestra fortaleza,
porque ser mujer no sea sinónimo de ir

por la calle con temor,
por todo lo que hemos conseguido,
por todo lo que nos queda.

Este poema va por todas aquellas que lucharon
y ya no están,
por todas esas mujeres que desde el cielo nos dan fuerzas
para continuar su legado,
por todas esas que hicieron todo lo posible
cuando era imposible.

Por ellas, por ti, por mí, por nosotras.

Mujer, qué bonito es verte renacer.

Qué orgullo ser mujer,
qué orgullo no callarme.

ORQUÍDEA

La ciudad amanecía, los coches pasaban,
pero yo no te encontraba.

El metro estaba lleno, como siempre,
filas y filas de personas en pie o sentadas lo habitaban
y yo no te veía donde solías apoyarte
a intentar leer tu libro favorito.

Te buscaba entre miradas, entre sonrisas, entre lágrimas,
pero ninguna se parecía a la tuya.
No encontraba esa luz y esa magia que te caracteriza.

Ya son muchos meses de invierno y lluvia,
pero todavía el sol se resiste a desaparecer.
Ya hace de nuestras últimas cartas
y de los brindis con vino.
Ya hace desde el último adiós y el último abrazo.

Deseo verte, sentirte, vivirte y embriagarme del dulzor
de tus labios, de tu pecho y de tus gemidos.
Deseo volver a probar ese último beso de despedida y
detenerme en él, y que el tiempo no pase.
Deseo volver al momento exacto en que éramos felices
sin saberlo.

Te quiero, mi amor, no te olvido.
Escríbeme antes de que nieve
y recuerda que mis amaneceres no tienen sentido
si no estoy contigo,
si no te siento en cada uno de mis latidos.

MARGARITA

A medida que pasa el tiempo
desaparecen personas a las que querías
y llegan otras para intentar reparar ese hueco con su amor.

Nos vamos haciendo grandes y en el camino
vamos perdiendo a nuestros grandes referentes
para convertirnos nosotros en los de nuestros hijos y nietos.

También vamos perdiendo amistades,
pero ganamos en experiencias.
Reforzamos nuestros vínculos con quienes
son nuestros amigos de verdad
y decidimos quién merece estar en nuestra vida
y quién no.

En el amor pasa algo parecido.
Aprendemos a decir sí solo a quien se lo merezca
y a despedirnos de quien no nos convenga.

La vida y el tiempo nos enseñan
y a medida que vamos madurando vemos
el mundo de otra manera.

Ya se quedaron atrás los juegos de muñecas y creerse mayor,
ya se quedaron atrás las primeras fiestas y el sabor del

primer chupito,
ya se quedaron atrás las risas entre clases y ese primer
beso robado a escondidas.

Nos hacemos mayores, adultos, y nos vamos cargando
de responsabilidades propias de la edad.
Trabajo, familia y casa y siempre la misma rutina.

Pero también incluso en esta etapa hay cosas bonitas.
El descubrirse a una misma, el decir 'sí, quiero' ante
quien quieres,
el sentir vida en tu interior y en luchar todo lo posible
para que no le falte de nada.

Cada etapa tiene sus ventajas e inconvenientes,
pero quedémonos siempre con los primeros.

No tengamos miedo en luchar por nuestros sueños,
los de arriba nos dan fuerzas,
y si en algún momento no vemos su luz,
busquemos en nuestro interior.

La vida y sus cosas, la vida y su pasar, la vida y sus
enseñanzas.
Disfrutemos de lo vivido y de lo que vendrá mientras
la vida va pasando,
sin más.

AZAHAR

Cierro los ojos y por casualidad
me encuentro conmigo misma.
Una nube de pétalos me envuelve
y un dulce frescor inunda mis mejillas.
¡Qué gusto sentirme, qué gusto abrazarme!

Noto que he cambiado y que las circunstancias
ya no son las mismas.
Veo una evolución en mí y un instinto reforzado,
como si una capa de supermujer llevara atada
a mis hombros.

Abro los ojos y contemplo el mundo que me rodea.
Me permito fijarme en mí y acariciar mis heridas
con mis manos.
Es como si sintiera que he ganado,
que la vida me está esperando.

Me lleno de ganas y de felicidad,
¡he vuelto a encontrar la luz
que desapareció por la tempestad!

Gracias Dios,
gracias universo por cargarme de paz y bienestar.
Gracias a mis ángeles de la guarda
que bien me saben cuidar.

Respiro y lleno de oxígeno mis pulmones,
no puedo creerme que lo que tanto soñé lo tuviera
al alcance de mis pasiones.

Me miro al espejo y sigo siendo la misma,
mi esencia no ha cambiado, sigo siendo ese ser de luz
que mi madre ha criado.
Pero ahora hay ciertos matices que antes no tenía
y que conforman justamente lo que soy,
una mujer con miradas nuevas y con sonrisas diferentes.

Abro mis alas como el ave fénix y recojo mis cenizas,
despego como un cohete en busca de alegría.
Ahora soy la mujer que siempre quise ser,
ahora soy por fin María (yo misma).

AMAPOLA

He vuelto a nacer y entre cristales me reconstruyo.
Me despido de lo que fui y me abrazo a lo que soy.
Puedo decir que estoy feliz y que me siento afortunada.

Ahora quiero plasmar mi historia entre papeles y retazos
y ayudar a todo el que necesite escuchar versos de luz
que le llenen el alma de esperanza.

He vuelto a la vida y me siento más yo que nunca,
sin máscaras, sin disfraces, sin fingir.

He vuelto a sentir,
a vivir dejando atrás a la muerte para pasar a la vida,
al amor, al perdón.

Ahora siento que me conozco, que me acepto
y mis ojos se llenan de brillo y de futuro,
mi sonrisa suena a verdadera y transmite calma
y todo mi rostro irradia felicidad después de tanto
tiempo pensando que no la volvería a encontrar.

¡Qué alegría gozarme, qué gusto disfrutarme!
No hay cosa más bonita que amarse después de tanto
rechazo y dolor.

Querido amigo: sufrimiento.
Me has llenado de enseñanzas y contigo he aprendido a
pedir ayuda y a fundirme con todos los que quiero,
pero ahora vengo a despedirme de ti.
No has podido conmigo y ahora te digo que te dejo
porque la vida me está esperando
y creo que me merezco volar alto entre las nubes
mientras contemplo el precioso paisaje.

Adiós, tristeza, gracias por lo que me has enseñado.
Hola, alegría.

FLOR DE LOTO

La ansiedad me ha enseñado que no hay victoria
sin fracaso,
que el miedo es necesario,
que todo pasa por algo.

Me ha avisado de que algo iba mal,
que tenía que parar,
que escuchara a mi cuerpo.

Ahora sé ponerle orden a mi caos,
tomarme las cosas con paciencia,
atender a mis preocupaciones.
Ahora sé dedicarme tiempo a mí misma,
cuidarme y abrazarme cuando el sol está escondido.
Ahora sé cultivar todas las semillas de mi alma
y dejarlas florecer.

La ansiedad no es algo malo, es un aviso de que no
tenemos que exigirnos tanto.
Es una emoción como otra cualquiera,
de la que he aprendido a pedir ayuda y superarme,
y que me ha hecho ver la importancia del amor y su
enorme poder en la vida.

Gracias ansiedad por venir a salvarme del castigo
de no quererse a una misma.
Gracias Dios por no abandonarme nunca
y estar siempre junto a mí.

Vida, lléname aún más de ti.

OLIVO

Una noche estrellada de pasiones encendidas
mi alma ansia la libertad de ser aire, de ser fuego,
de ser ceniza.

Una melodía armoniosa invade los rincones
de mi corazón
y se escuchan a lo lejos los pájaros que sin pausas
se esconden entre la vegetación.

Ríos calmados, árboles frutales adornan el paisaje
y mi mente se ilumina de bienestar y de placer
cuando asomada desde la ventana los ve florecer.

Ángeles cantando, praderas verdeadas,
poesía en cada palabra del lenguaje de las aves.

Pastores labrando la tierra del sol,
sedientos de cobijo y de calor,
tumbados a la sombra del amor.

Gentes inocentes, alegres y risueñas,
bailando al compás de la música,
jugando al pañuelo,
creando belleza en la ilusión de sus sueños.

ROSAS

Aprendí del dolor a conocerme a mí misma,
a validar mis emociones,
a dejarme llevar por el corazón.

Aprendí de la herida a aceptarme tal como soy,
a apreciar mis virtudes y entender mis defectos,
a no sentirme avergonzada de quién soy.

Aprendí de la cicatriz a valorar el sufrir
por mucho que pique,
a entender su existencia,
a aprender del amor.

Ahora aprendo de mí y de quién soy,
de todas mis yoes que viven en mí,
de todas las mujeres que me rodean.

Aprendí del querer a curar mis llagas
y aquí estoy para sanarme y volar, para luchar y despegar.

Aprendí de la vida a rechazar el silencio
y respetar el perdón,
a no sentirme mal por equivocarme,
a no tenerle miedo al corazón.

Y tú, ¿tuviste alguna vez miedo a la herida o al amor?

MONTEFILIO

Llueve sobre los tejados y yo ya estoy cansada
de soportar tanta humedad sobre mis hombros.
Música clásica suena de fondo,
pero no consigue tapar el rugido de la tormenta.
El fuego intenta calentar nuestros corazones,
pero de repente la llama se apaga y nos envuelve el frío.

Llevo tiempo sin saborear un buen vino,
sin leer ni disfrutar de una historia,
sin vivir como mías las vidas de otros.
Llevo tiempo sola, angustiada ante el paso del tiempo
y hundida entre los recuerdos.

La maleza ha crecido y ha envuelto mi alma con sus raíces.
Ya no soy la de antes ni aquella niña que jugaba a ser feliz.
Ahora soy otra, una yo quizá más marchita, pero más verdadera.
Una yo marcada por la dureza de la vida y el pesar de los años.

Escampa, el sol comienza a salir y algún que otro pajarillo
enciende su canto.
Al final después de todo ha quedado un buen día.
Y decido escribir como nunca antes lo había hecho.
Cojo un papel, boli negro y me siento en la vieja mesa
para apoyarme y escribo:

"Deja las máscaras y empieza a ser tú. Olvida el qué dirán, las apariencias y el lado oscuro de la vida. Conócete y fíjate en lo bueno que hay a tu alrededor y entiende que las nubes son solo parte del paisaje. Recuerda que dentro de tu ser hay luz y que esta nunca se apagará, brillará por siempre y formará parte del firmamento y del infinito. Ahora pega esta nota en la nevera y no olvides de releerla cada vez que el camino se haga oscuro y complicado".

Y ella se levantó y colgó la nota.

Desde entonces por mucho frío que la hubiera congelado, siempre encontraba calor donde calentarse. A veces, nos cuesta entender que la vida es aquello que nos mentalizamos.

VERANO

*El sol brilla tanto como tu sonrisa y
tu fuerza de superación.*

El amor es un bálsamo que cura nuestra alma mientras nos entrega vida.

Todo el que lucha conoce lo bien que sabe la victoria.

Sobrevivir es la ley de la vida, aunque todo se derrumbe
a tu alrededor.

GIRASOL

Me encuentro entre cartas sin firmar y sin dedicatoria,
entre recuerdos de un pasado y deseos de un futuro,
entre historias por contar y experiencias por vivir.

A veces, intento buscar un sentido a tanto desorden,
pero solo me invado de dudas y misterio.

Otras tantas me olvido de mis miedos
y finjo no saber nada,
hasta que me topo con la realidad.

Se vive tan bien sin preocupaciones que cuesta
demasiado volver a la rutina,
abrazar muchas costumbres que nos pillan por sorpresa,
callar todas nuestras prisas y lamentos.

Se vive tan bien en el paraíso que nadie quiere regresar
al infierno,
oír las campanas del cielo a lo lejos,
silenciar a nuestros muertos.

Y entre luces y sombras yo me encuentro,
buscando oro donde solo hay desierto,
queriendo ser recuerdo ante tanto desprecio.

Al fin me encuentro y en voz baja me digo "lo siento", como quien abre una ventana para que entre el aire fresco tras un largo invierno.

El perdón es el acto más bonito que uno puede hacer sobre sí mismo y sobre los demás.

Quiérete en la oscuridad,
consuélate en el silencio.

ROMERO

Ojalá algún día brilles como la luna
y llenes tu corazón de felicidad.
Que aprendas a que te dé todo igual
y solo pienses en jugar.
Que tu ser se llene de amor y tu rostro de sonrisas.
Que tú misma seas tu norte y tu sur, tu destino
y tu amuleto.

Que te vaya bonito, que la vida te trate como te mereces,
que disfrutes el momento y vivas el presente,
que desconectes del pasado y no te dé miedo el futuro,
que seas la razón y el motivo de tus propósitos,
que seas tu fiel compañera incluso en la muerte.

Ojalá irradies tanta luz como ella
y no le tengas envidia al sol,
que te agarres a la tierra, pero vueles alto;
que te quieras a pesar de tus fracasos,
que seas siempre tú con orgullo y sin temor al rechazo.

Que la luna te bendiga, que la luna te consuele, calme
tus heridas y te haga más fuerte.
Que te pinte estrellas en tu mirada y alas en tus cadenas,
que su amor te emborrache y te llene de vida
y te haga sentir siempre viva.

Ojalá algún día brilles tanto o más que ella, que tus
sueños se cumplan, que huelas a primavera.
Deseo que todo eso llegue, deseo que siempre vuelvas,
aquí estaré yo para verte la primera.

Soy tu amiga, soy tristeza,
y te auguro lo mejor, gran guerrera.
Que tus ilusiones vuelvan y el mundo deje
de ser una condena.

Ojalá algún día brilles como la luna y ciegues sol y tierra
con tu belleza.

GITANILLA

Vuela mariposa, vuela, y consigue todos tus sueños
siempre que sean posibles.
Vuela como bate sus alas la golondrina y busca un lugar
seguro donde renacer.

Créete paloma y sostén tu rama de olivo
y cuando tus ánimos decaigan busca cobijo
y un oasis donde beber para recuperar fuerzas
y seguir tu camino.

No le temas al viento ni al calor del sol
y ten fe en que llegarás a tu destino.
Sigue el mapa de tus instintos
y pronto encontrarás el tesoro.
No desconfíes, ten paciencia y cuando menos te lo
esperes lo alcanzarás.

Vuela mariposa, vuela, y sé tu propio templo al que
siempre volver.

HIBISCO

Cuando menos te lo esperas viene la vida
y te lo cambia todo de golpe.
Pone las cosas en su sitio y te las reordena
y hace que salgas de tu propio caos, o todo lo contrario.

La vida nos enseña ver qué es lo que es importante
de verdad,
qué merece la pena y qué no,
quién debe permanecer a nuestro lado o apartarlo
de nuestro corazón.

La vida te enseña a ser tú quien lleve las propias riendas
de tu historia.
Te enseña a reconstruir el pasado y soñar con el futuro,
pero siempre con los pies en la tierra.
Nos hace apreciar las bellezas del mundo y dejar
de preocuparnos por lo que no merece la pena.
Nos consuela y nos abraza en los momentos difíciles
y nos transmite la mejor lección que es continuar.

La vida es corta, pero si sabes vivirla
puede ser intensa y seductora.
Viene sin pedirla y se va en un suspiro, pero qué bonito
es vivir este sueño juntos compartido.

Si algún día tus fuerzas flaquean y tu alma se llena de
rencor hacia la vida,
recuerda que solo esta te salva y solo esta puede llevarte
a la gloria y al placer de reencontrarte.

No le eches la culpa a la vida de tus desgracias y acéptale
tal como es, tal como viene.
Sé responsable de tus caídas y ponle fe a tu mejora y
pronto todo volverá a su cauce.
No le tengas miedo a lo que pase y confía en tu proceso,
en ella y en su magia celestial.

¿Qué es la vida sino nuestra salvación?
¿Qué somos nosotros sin ella?
Gracias, vida, por todo lo que me entregas,
gracias por ser tan bella.

Humana soy, humana siento, humana me respeto.

GRACIAS SEÑOR

Gracias Señor por escuchar mis súplicas
y no abandonarme nunca.
Gracias por estar siempre conmigo y darme consuelo.
Gracias por perdonarme, por amarme, por aceptarme,
por aconsejarme siempre.
Gracias por el amor que entregas sin pedirlo,
por ser padre y hermano, corazón y guía.

Si de algo no puedo estar más arrepentida es de haber
dudado alguna vez de ti,
pero pese a esto siempre has estado conmigo,
siempre has estado en mí.

Tú nunca te has ido,
siempre me has acompañado y me has querido
porque siempre has vivido dentro de mí.
Siempre has estado en mi corazón, en mi memoria
y en mi recuerdo.

Gracias Señor por ser luz frente a tanta oscuridad,
por ser compasión y perdón entre tanto miedo,
por ser paz y felicidad.

Perdona mis pecados, mis dudas, mi rencor;
jamás podré agradecerte tanto.

Gracias a Ti estoy viva, gracias a ti he vuelto a sonreír, volar, renacer.
Gracias a Ti soy dichosa y afortunada
y por eso toda mi vida te pertenece.

Gracias Señor por no haberme abandonado nunca,
porque a pesar de todo siempre has estado junto a mí.
Gracias por anidar en mi corazón, tu amor es infinito.
Hoy y toda la eternidad mi alma será tuya porque solo
Tú tienes la llave de mis promesas y de mis sueños.

Gracias Señor, gracias VIDA.
Solo Tú me das la fuerza que me hace resurgir, luchar.

Cuando hago el bien, ayudo a los demás y entrego mi corazón y parte del amor que Tú me brindas a mí, siento que estoy más cerca de Ti y que voy en el camino correcto para unirme a Ti.

Cuando entrego mi corazón y realizo buenos actos te siento cerca. Puedo olerte, verte, tocarte. Te siento en mí, te escucho moverte y abrazarme y mi alma toda se llena de amor, paz y perdón.

Solo siguiendo tu palabra y poniendo en práctica tu AMOR podremos alcanzar el cielo y la gloria de estar junto a Ti, en tus brazos, Padre.

HORTENSIA

Superar la tristeza es difícil, pero si aprendes a vivir con
ella y no verla como una amenaza puede ser posible.
No te temas a ti misma, no rechaces parte de tu ser.
Siente la vida tal como es y aprende a amar las
enseñanzas que esta trae consigo.

Atrévete a querer, a soñar, a volar sin barreras
y abraza lo que eres.
Llena tu mirada de alegría, huye de la sombra,
entiéndete en el silencio.
No le tengas susto al dolor, compréndelo, escúchalo.
No creas que la calma no volverá,
que la felicidad se ha perdido para siempre,
que no hay ya nada por lo que merezca la pena luchar
y sobrevivir.

No le tengas miedo a la vida ni rencor a ti misma.
No te llenes de culpa, no te castigues.
No pienses que nada tiene sentido, que todo es oscuro
y que la luz se ha perdido.
Búscala y al final la encontrarás.

Pelea, pelea y pelea y conseguirás la victoria.
Porque no hay nada que no nos haga invencibles,
ni experiencia que no nos haga crecer y madurar.

Quiérete durante el huracán, sé tu refugio.
Sé tu propio eclipse, llénate de claridad.

¿Qué sería la vida sin nuestro amor,
qué sería de nosotros?
No apagues la vela que alumbra tu camino.

No te olvides nunca de ti misma.

Mujer, abre tus alas y emprende tu vuelo. No tengas
miedo, no tienes ni idea de lo que tú sola puedes lograr.

Ahora sé quién soy, qué quiero y qué no, pero para ello he tenido que perderme y aprender a buscarme.

Si sientes que la luz de tu interior se apaga, no temas, el brillo estelar te alumbrará.

Dios te quiere tal y como eres, acéptate.

BUGANVILLA

No me imagino una vida sin ti,
sin el abrazo de tus pétalos dorados,
sin las risas a medianoche,
sin esas charlas al calor del fuego.

No me imagino una vida sin ti
porque eres único y especial,
porque no he conocido a nadie tan increíble como tú,
porque nadie ha sabido tratarme de la forma
en que tú lo haces.

Eres frágil, aunque vayas de fuerte
y tu corazón tan blando es lo que me enamora.

Yo no quiero chicos malos de película,
no quiero chulos ni espabilados;
te quiero a ti con tu dulzor de siempre
y tu sonrisa en la mirada,
con tus "buenos días" seguidos de un beso en la mejilla,
con la vulnerabilidad del que
pone todos sus sentimientos sobre la mesa.

A mí nunca me han gustado los prepotentes
y tu bondad es lo que te hace maravilloso.

Me encanta la forma en la que ayudas
a los demás sin pedirlo,
cómo te entregas en todo lo que haces
y cómo animas al que está rendido.

Me encanta tu manera de superarte,
de mostrarte tal como eres y no esconderte.
Me encanta tu naturalidad.
Eres mágico y es normal que no me imagine
una vida sin ti
porque sin ti mi mundo sería mucho más triste y vacío.

Sin ti mi mente sería caos,
mi corazón pistola
y mi cuerpo cárcel.

Sin ti no sabría ni quién soy
ni qué es lo que aspiro en la vida.
Sin ti solo sería una cometa perdida.

Y es que no me imagino una vida sin ti porque mi sangre
es la tuya,
tu piel mi saliva,
tus ojos mi guía.

No me imagino una vida sin ti, tengo que asumirlo,
pero disfrutémonos ahora que nos tenemos.

Gocémonos y brindemos por la vida y que nuestra unión no se rompa nunca.

Por muchos años de amor a tu lado,
porque sigas llenando de luz mis días.

Te quiero mucho, mi vida.

LAVANDA

Eres la persona que más quiero porque solo tú has
estado cuando más lo he necesitado,
solo tú me has dado la mano para levantarme del suelo
y solo tú has hecho que aprenda a quererme.

Te quiero como nunca he querido a nadie
y es que tengo mil motivos para hacerlo.
Eres luz cuando en mí anida la sombra,
eres cobijo cuando mi pulso se acelera,
eres mi motor cuando la vida se para en seco.

Solo tú has sabido escucharme,
darme los mejores consejos,
no juzgarme.

Solo tú has sido paz en plena guerra,
salvavidas en pleno rescate,
oxígeno para mis pulmones.

Solo tú, mi vida, puedes quererme tanto casi
como lo hace mi madre.

Y es que eres el mástil de mi barco,
la estrella que me orienta,
mi sueño hecho realidad.

Eres todo lo que me hacía falta, pero no veía.
Un maestro, mi guardián.

Te quiero y te querré siempre, no lo olvides.
A pesar de las dudas, a pesar de mis cabreos.
Nada es en vano en la vida del hombre (y de la mujer).

Nuestra historia merece ser contada,
qué mejor empezar por este poema.

Porque nuestros recuerdos construyen nuestras vidas,
porque el silencio no es ningún lenguaje.

Qué bonito es mirarse y que sobren las palabras,
qué bonito es verse reflejado en la mirada del otro y
encontrarse.

¿Quién dijo miedo si por ti yo soy y siento?
¿Quién dijo miedo si por besar tus labios yo me muero?

JAZMÍN

Inmersa en la duda y queriendo ser olvido me dejo
llevar por el ruido del mar.

Me pregunto cuánto me queda todavía para terminar
y mis ojos se llenan de lágrimas que me empujan a
avanzar.

El miedo me puede en momentos de soledad, pero mi
alma sabe escucharse y pedir ayuda a los que la saben
bien cuidar.

Es tan difícil todo a veces, es tan complicado ser feliz,
que la culpa me invade y me frena
y hace que me acuerde de ti.

Es tan duro resurgir que las cenizas arden
cuando pienso en ti
y cómo curo mis alas si tú tienes la medicina de mi amor,
cómo curo mi alma si por ti esta muere y renace
pidiéndote perdón.

Es tan tedioso todo a veces que hasta decir te quiero
duele el corazón
y en más de una ocasión sin ninguna razón.

Soy la mujer que de niña siempre quise ser.

GLADIOLO

Dejémonos la piel en aquello que amamos,
sintamos el amor latir en nuestros brazos,
brindemos por la vida que Dios nos ha regalado,
abracémonos con fuerza
cuando el mundo se caiga a pedazos.

Bailemos al viento nuestros sueños deseados,
quitémonos la venda y miremos alto,
agitemos nuestras alas y volemos sin miedo,
callemos nuestras penas y sonriamos con esmero.

La vida es una y a veces se nos escapa entre las manos,
nos centramos en el pasado y olvidamos el presente,
vivimos agobiados sin dedicarnos ni un minuto,
suplicamos al destino aquello
que tenemos que construirnos.

La vida son momentos y un camino cada vez más corto,
son los recuerdos y experiencias que vivimos,
son esas risas entre amigos y esas copas de más.
Es aquella ventana que se abre
y se cierra de golpe sin más,
es ese atardecer que te dibuja una sonrisa
y alegra tu corazón,
es ese "te quiero" que no dijiste,
pero que todavía estás a tiempo.

La vida es una continua enseñanza-aprendizaje,
un nos caemos, pero nos levantamos,
un hoy por ti, mañana por mí,
un adiós a tiempo.

La vida es aquello con lo que soñamos despiertos,
esa flor que nos endulza, ese beso que nos sana.

La vida comienza hoy y ahora tú decides
quién gobierna tu barco.
Y sin pensarlo mucho y amándola demasiado
todos tus deseos serán logrados.
Porque tú puedes hacer historia y superar tu pasado,
tú puedes creer en ti y sentirte orgulloso
de haber confiado.

Dejémonos la piel en aquello que amamos,
cerremos nuestros ojos, sintamos nuestro tacto.

LILA

Dios me quitó la espada cuando estaba dispuesta a
clavármela en el pecho.
Él fue mi luz y mi guía cuando todo estaba negro.
Gracias a Él soy lo que soy y tengo lo que tengo.
Y cómo no darle mi vida si Él me la salvó primero.

Dios es amor, Dios es calma.
Dios es la cura que necesitaba mi alma.

Y cómo no quererle y cómo no agradecerle
si Él fue y será la bendición de mi mente.

¡Oh, Salvador, a Ti te entrego mi vida y mi muerte!

Abraza la luz divina, ella será tu buena suerte.

Tu perdón es mi consuelo, Señor. Tu amor, mi salvación.

Siento a Dios tan fuerte que parece que tengo una paloma revoloteando en el pecho.

A Dios le debo mi vida y mi resurrección.

Hasta en lo más profundo de pozo puede observarse, si te acercas, la belleza.

Mira la vida con asombro, como si estuvieras viendo el mundo por primera vez.

POLVO DE ESTRELLAS

Cada noche sueño contigo, abuela.
Siento que sigues viva con la misma energía de siempre,
con tu bonita sonrisa, con tus ojos azules.

Te echo mucho de menos, nunca podré olvidarte.
Pero de alguna manera vives en mí y puedo verte en
todo lo que me rodea.

Tú estás en cada amanecer,
en cada flor bella del campo,
en cada estrella brillante,
en la marea.

Tú estás en mis recuerdos,
en la ilusión por cumplir mis sueños,
cuando me falta el ánimo,
cuando vuelvo a empezar de cero.

Tú eres sol y me iluminas con tus rayos.
Eres viento y te llevas mis miedos.
Eres arcoíris tras un largo tormento.

Pesa mucho tu ausencia y no sentir tu dulce aroma cerca,
pero ahora he aprendido a encontrarte
en cada una de las bellezas de la naturaleza.

Te quiero mucho, abuela, siempre vivirás en mi corazón, nunca te olvidaré.

Y aunque pasen los años tu memoria quedará intacta en mi piel.
Porque el tiempo no borre nuestro amor,
porque nos volvamos a encontrar.
Abuela, abuela, te quiero.
Abuela, abuela, ¿volverás?

Bendigo mi cicatriz y las flores que nacieron

FRASES BONITAS

¿De verdad tiene sentido perder una amistad por no ser capaces de pedir perdón?

¿Qué duele más la verdad o la traición?

Llorar es la máxima expresión de la tristeza, pero también el primer paso a la felicidad.

Qué importante es llorar y desahogarnos cuando sentimos que no podemos más.

Había perdido mi identidad, pero gracias a Dios la he encontrado. Ahora sé que no la volveré a perder jamás.

La vida son los recuerdos que nunca llegas a olvidar.

La depresión es miedo de que el dolor termine con tu vida y con tus sueños. Es sabor a muerte cuando todavía respiras.

¿Qué pesa más el miedo o la tristeza?

El tiempo no pasa en vano.

Tengo que seguir luchando por los que me quieren.

Tu luz llena de magia miles de corazones y los envuelve, como bálsamo, de sueños.

No te pongas expectativas, deja que la vida te sorprenda.

Mi mamá siempre me ha dicho que la mente es muy prodigiosa, pero en realidad la prodigiosa soy yo al dominarla.

Y Dios el séptimo día les dijo a los hombres: - Aquí tenéis la belleza.

La luz siempre te acompaña, aunque la venda cubra tus ojos y no puedas apreciarla.

La pena que me invade, la ausencia que me dejas.

No te frustres si tus sueños no se cumplen, quizá tu momento esté más adelante. La vida siempre procura lo mejor para nosotros.

Pienso en Jesús y en cómo me entrega su amor en forma de abrazos e, inmediatamente, me pongo feliz. Él es la fuente de mi felicidad.

De Buda he aprendido muchas cosas como la importancia que tiene buscar tu paz interior. Solo cuando te sientas en calma contigo mismo y unido a tus entrañas podrás ser completamente feliz.

Mis dos maestros espirituales: Buda y Jesús. Mi ser de culto: Dios.

Tus recuerdos me despiertan una sonrisa.

La muerte viene a recordarnos lo fugaz que es la vida y cuánto debemos aprovecharla.

Tras una fuerte tormenta el arcoíris viene y nos abraza.

El arcoíris pinta el cielo como tú pintas mis sonrisas.

Gracias al dolor soy lo que soy y he aprendido a ver la vida de otra manera, con los ojos de la sorpresa y la maravilla.

Qué bonito es superarse y amarse cada día un poco más.

Hagamos de este mundo un lugar donde el amor sea ley de vida.

La vida es un regalo de Dios y nuestro deber es amarla. Ahora bien, el sufrimiento también forma parte de ella y, aunque nos cueste, debemos aceptarlo sin sentirnos culpables.

Suelta, suelta, suelta para poder sentirte en calma. No guardes nada dentro.

Te vi y te abracé como quien abraza al miedo por primera vez.

Todo lo que he conseguido es gracias a Dios. Gracias a Él me pasan cosas buenas y soy lo que soy.

Cuando me duele la vida me cuesta hasta sonreír.

La luz que nos ilumina viene de arriba y sale por nuestro corazón.

En el cielo nos esperan quienes más queremos.

Señor, yo soy el amor que Tú me das.

Tienes tanta luz que iluminas el universo entero con tan solo una mirada.

Hemos nacido para ser libres, que nadie te robe tu libertad.

Señor, cada vez que se incumple tu palabra escucho tu llanto.

Señor, cada vez que se va contra del amor lloro contigo.

Hay dos cosas que te llevarán lejos en la vida: el esfuerzo y la bondad.

La poesía es una forma de convertir el dolor en belleza.

Porque al final la vida es eso, esperanza, y sin ella nada de esto tendría sentido.

El amor es lo que le da sentido a la vida, así como la solución a todos los problemas que esta lleva consigo.

El sufrimiento me ha servido para acercarme más a Dios, a sentirlo vivo dentro de mí y a conectar con Él desde lo más profundo de mi ser.

Lo que hace acercarnos a Dios son nuestros actos.

Abrázate mientras tus heridas sigan abiertas.

Qué felices eran aquellos tiempos inocentes en los que no entendíamos de política.

Dios es amor, ejerzámoslo nosotros.

Yo quiero formar parte de tus recuerdos.

Tengo miedo de tener miedo de vivir.

¿Cómo se asume la muerte de alguien al que has querido tanto?

El recuerdo de un amor que con el tiempo se convirtió en olvido.

Nada volverá a ser como aquellos veranos de la infancia.

La tristeza mata, callarse te entierra.

No hay dos días seguidos de sol sin que se pose ninguna nube.

¿De qué sirve negar la lluvia si luego es hermoso el arcoíris?

Al miedo, ceniza.
Al polvo, perdón.
Al olvido, paciencia.
Y al recuerdo, amor.

Si alguna vez no te encuentras a ti mismo recuerda que todos somos cristal.

A veces somos como un puzle: tenemos que darnos tiempo para que todas las piezas encajen.

No te empeñes en buscar fuera lo que debes solucionar desde dentro.

¡Qué bonito es contar tus secretos y sentir que no te juzgan!

Aunque la vida sea dura a veces, no te olvides nunca de que siempre saldrá el sol.

REFLEXIONES

Sus ojos tenían tanta verdad que era imposible negarle un beso. ¿Qué mata más el deseo o el silencio?

Qué bien sabe la vida después de haber pasado por tanto sufrimiento. Qué bien sabe el amor después de casi perderlo.

El perdón es un acto de amor a ti mismo y a los demás.

La literatura es una forma de conectar y entablar una conversación con otros.
La poesía es un diálogo contigo mismo y una fuente de aprendizaje.

Pedir perdón y dejar el orgullo a un lado te hace ser mejor persona y vivir más feliz.

No le exijas a la vida aquello que no está dispuesto para ti. Conténtate con lo que tienes y así vivirás en paz contigo mismo.

Qué fácil es la vida de los demás si la miramos con nuestros ojos,
qué difícil es la nuestra si la miramos desde dentro.

AGRADECIMIENTOS

Ante todo, quiero agradecer a todas esas personas que me acompañan desde el principio y que apuestan por mi talento. A todo mi pueblo, Herrera, al que amo y adoro, por estar volcado de lleno en mis versos y por haber recibo tan bien mi primer libro. A toda la gente que lo leyó, a las librerías del pueblo que sin duda alguna lo ofrecieron en su escaparate, especialmente gracias a José (Librería Acuario), al bibliotecario, Jesús Borrueco, por organizarme la presentación de mis sueños, a Trinidad Arjona por presentarme y al Ayuntamiento por ceder su espacio siempre que lo necesito y apostar por la cultura. También gracias a Olé Libros por publicar mi opera prima y por confiar en mí siendo una autora novel. Gracias Toni y Loli, estoy muy en deuda. Gracias a Valparaíso Ediciones y a todo su equipo (Fernando Valverde, Nieves García, Chari Nogales, entre otros) por apostar por mí en este nuevo trabajo, esto es un sueño hecho realidad. Gracias por permitirme volar y seguir luchando por hacer de esta afición mi oficio. No tengo palabras para expresar todo mi agradecimiento y mi felicidad de ser parte de esta gran familia.

Gracias, por supuesto, a mi familia por apoyarme y quererme siempre. Mamá, papá y hermano os amo infinito. A FJAG por haber sido mi faro y mi sustento durante tantos años de oscuridad, te estaré eternamente agradecida. Gracias a mis amigos que me han visto crecer con ellos. Gracias Antonio por alegrarme y contagiarme tu hambre de vida como nadie, gracias Manuel Jesús por ser un espejo al que hablarme a mí misma; gracias Carmen por ser la hermana que nunca tuve, por ser mi mitad, por compartir ese lenguaje que solo tú y yo sabemos; gracias Ana por esos ratitos de café en los que nos abrimos en canal, gracias Alex por tantos años a mi lado, sabes de sobra que nuestra amistad es invencible, gracias Jacke por hacer que me conozca más a mí misma y reconocer mis errores; gracias Nerea por tu candidez e inocencia, contigo el mundo parece más humano; gracias Celia por decirlo todo sin decir nada, por ser fuente en la que beber cuando estás sediento y, finalmente, gracias Chus y Djeny por estar aunque no estéis, por ofrecerme una sonrisa cuando en mi interior solo hay lágrimas. También gracias a Lucía por ser una más y quererte como si fueras mi niña/discípula. Te quiero incondicionalmente y lo sabes.

Gracias a Mariló, Mercedes y a todos los que han estado remando conmigo cuando el temporal no prometía, os debo todo. Dios os bendiga eternamente. Gracias a mis vecinas, que me han visto madurar y convertirme en quien soy ahora. Gracias Josefa, Pepi, Juana, Francisca, Carmen, Dolores, etc. Gracias a todos mis compañeros de carrera y másteres, a mis profesores y a todos aquellos compañeros de versos y letras, estamos juntos.

Gracias a Mari Cruz por ser la fotógrafa y editora de vídeos más chula. También a Xisco Romero por la misma labor. Gracias a todos los pueblos de la comarca Sierra Sur de Sevilla y alrededores por apoyarme y dejarme presentar mi libro en vuestros institutos o bibliotecas, así como participar en recitales poéticos. Gracias al IES Herrera por apoyarme tanto con mi primer libro y permitirme dar las prácticas del máster allí. En especial, gracias a mis alumnos por calmar mis nervios y por hacerlo todo tan fácil, gracias de verdad, no me olvidaré nunca de esta experiencia.

Gracias con todo mi corazón a María José y a mis alumnas "Las sin miedo" (Beni, Sole, Araceli, Encarna Cosano, Tanta, Encarna Giráldez, Mari Carmen, Paqui y Joaquina). Con vosotras he aprendido y he evolucionado como persona, me he hecho más humana si cabe y he valorado la importancia de la vida, la memoria y los recuerdos. Sin duda, la alumna he sido yo, he aprendido de vosotras, maestras. Por supuesto, también gracias al Ayuntamiento de Casariche por ofrecerme impartir este hermoso taller de escritura creativa, gracias con el alma.

Por último y no por ello menos importante, gracias a Dios por iluminar mi camino. Este libro es para Ti. Dios, te amo. Y gracias a mis lectores, por vosotros doy mi vida. Sois los que prendéis la llama de mi ilusión y mis sueños, me aportáis felicidad y ganas de seguir escribiendo y luchando por lo que siempre imaginé. Gracias, sin vosotros la poesía no tendría sentido. La poesía es nuestro idioma, con él unimos nuestros corazones a pesar de la distancia y nos entendemos uno al otro como si hubiésemos vivido varias vidas.

Muchas gracias por acompañarme. Nos vemos pronto. Mientras tanto, disfrutad de lo bello que es vivir.

Con todo mi amor y mi corazón,
María

ÍNDICE